ONDA DE CALOR

ASESINA

LA GUÍA DE SUPERVIVENCIA

ONDA DE CALOR

ASESINA

LA GUÍA DE SUPERVIVENCIA

Derechos de autor primera edición 2023

Autor: Eduardo Alcantara

alcantarae9@gmail.com

Contenido

Capítulo 1 Introducción

En tanto que estamos luchando con las consecuencias del cambio climático, uno de los efectos más notables y preocupantes es la creciente intensidad del calor del verano. En los últimos años, las temperaturas de verano han ido batiendo récords, con olas de calor cada vez más frecuentes y prolongadas. Esta escalada en climas de alto calor plantea riesgos significativos para la salud y el bienestar humanos. Es crucial comprender el impacto del calor extremo y tomar medidas de iniciativa para protegernos a nosotros mismos y a nuestros seres queridos de sus efectos adversos.

El continuo aumento de las temperaturas globales está relacionado con las actividades humanas, como el uso de combustibles fósiles y la deforestación, que liberan gases de efecto invernadero a la atmósfera. La acumulación de estos gases atrapa el calor, lo que lleva al fenómeno bien documentado del calentamiento global. Por lo tanto, las temperaturas promedio han aumentado y los eventos de calor extremo se han vuelto más comunes en diferentes regiones, causando serias implicaciones tanto para las personas como para el medio ambiente.

Las olas de calor, que antes eran esporádicas y de corta duración, ahora son más prolongadas e intensas, afectando tanto a las zonas urbanas como a las rurales. El efecto de isla de calor urbano empeora aún más el problema, ya que las ciudades mantienen el calor debido a su alta concentración de edificios, hormigón y asfalto. La combinación del calentamiento global y la urbanización contribuye a las altas temperaturas experimentadas durante los meses de verano.

El impacto del calor extremo en la salud humana no se puede entender. Las enfermedades relacionadas con el calor, que van desde afecciones leves como calambres por calor y agotamiento por calor hasta emergencias potencialmente mortales como el golpe de calor, representan una amenaza significativa durante el clima cálido. Las poblaciones vulnerables, incluidos los ancianos, los niños pequeños, las mujeres embarazadas y las personas con condiciones de salud preexistentes, corren un mayor riesgo de experimentar efectos adversos de las altas temperaturas.

Además de los problemas de salud, el aumento del calor también afecta el medio ambiente. Las sequías, los incendios forestales y las interrupciones en los ecosistemas son cada vez más frecuentes a medida que se intensifican las olas de calor. El delicado equilibrio de la biodiversidad enfrenta desafíos sin precedentes, lo que enfatiza aún más la urgencia de combatir los efectos del calentamiento global.

Teniendo en cuenta estos desarrollos alarmantes, el propósito de este libro, titulado "Sobrevivir al calor del verano: mantenerse seguro y fresco", es equipar a los lectores con consejos prácticos y estrategias para navegar las condiciones climáticas cálidas de manera efectiva. El libro electrónico tiene como objetivo crear conciencia sobre los peligros potenciales de las temperaturas elevadas y capacitar a las personas para que tomen medidas preventivas, garantizando su seguridad y comodidad durante los abrasadores días de verano.

En los siguientes capítulos, profundizaremos en información valiosa sobre cómo vestirse para el calor, mantenerse hidratado, crear ambientes hogareños frescos, participar en actividades al aire libre de manera segura, cuidar a las poblaciones vulnerables e incluso combatir el calor con un presupuesto. Al adoptar el conocimiento y el asesoramiento proporcionados en este libro, los lectores estarán mejor preparados para enfrentar los desafíos del clima de alto calor, tomando decisiones informadas para protegerse a sí mismos y a sus comunidades.

Recuerde, como individuos, podemos ser efectivos colectivamente para combatir el impacto del calor extremo. Tomemos la iniciativa de mantenernos informados, tomar la iniciativa e implementar los consejos y estrategias proporcionados para garantizar nuestro bienestar durante los meses de verano. Juntos, podemos construir una sociedad resiliente y consciente del calor, salvaguardando nuestra salud, medio ambiente y futuro.

La creciente intensidad del calor del verano:

La intensificación del calor del verano es el resultado de una serie de factores, atribuidos principalmente al calentamiento global y al cambio climático. Las emisiones de gases de efecto invernadero de las actividades humanas, como la quema de combustibles fósiles y la deforestación, atrapan el calor en la atmósfera de la Tierra. En consecuencia, las temperaturas medias han aumentado y los eventos de calor extremo se han vuelto más frecuentes y severos.

Puntos clave:

Aumento de las temperaturas globales: Comparta datos y estadísticas sobre el aumento constante de las temperaturas globales en las últimas décadas, destacando el impacto en el calor del verano.

Olas de calor y su frecuencia: Discuta el aumento de la frecuencia, intensidad y duración de las olas de calor, que se han vuelto más comunes en diferentes regiones.

Efecto de isla de calor urbano: Explicar cómo las áreas urbanas experimentan temperaturas aún más altas debido a la concentración de edificios, hormigón y asfalto, creando el efecto de isla de calor urbano.

Impacto en la salud humana: Enfatice los riesgos para la salud asociados con el calor extremo, como el agotamiento por calor, el golpe de calor, la deshidratación y la exacerbación de las condiciones de salud existentes.

Consecuencias ambientales: Mencione los efectos adversos del calor prolongado en el medio ambiente, incluidas las sequías, los incendios forestales y las amenazas a la biodiversidad.

La importancia de protegerse del clima de alto calor:

Es esencial tomar en serio la creciente intensidad del calor del verano y priorizar las medidas para protegernos a nosotros mismos y a los demás de sus efectos adversos. Descuidar los riesgos del calor extremo puede tener graves consecuencias para la salud e incluso muertes, especialmente entre las poblaciones vulnerables.

Otros puntos clave para discutir:

Enfermedades relacionadas con el calor: describa las diversas enfermedades relacionadas con el calor y sus síntomas, desde afecciones leves como calambres por calor hasta emergencias potencialmente mortales como el golpe de calor.

Poblaciones vulnerables: Destaque a las personas que corren un mayor riesgo durante el clima cálido, incluidos los ancianos, los niños pequeños, las mujeres embarazadas y las personas con afecciones crónicas de salud.

Importancia de la preparación: Enfatice la importancia de tomar la iniciativa y estar preparado para eventos de calor extremo, especialmente durante las olas de calor.

Estrategias de hidratación y enfriamiento: Enfatice la importancia de mantenerse hidratado y adoptar estrategias de enfriamiento para regular la temperatura corporal.

Uso responsable de la energía: Discuta formas de mantenerse fresco sin depender demasiado del aire acondicionado que consume mucha energía, teniendo en cuenta el impacto ambiental.

Conclusión:

La intensificación del calor del verano debido al cambio climático exige un esfuerzo colectivo para protegernos a nosotros mismos y a los demás de sus efectos adversos. Al comprender los riesgos asociados con el calor extremo e implementar estrategias prácticas, podemos garantizar nuestra seguridad, bienestar y comodidad durante el clima cálido. Este libro electrónico tiene como objetivo equipar a los lectores con el conocimiento y las herramientas para mantenerse seguros y frescos, fomentando un enfoque resistente para navegar los desafíos del clima de alto calor en los próximos años.

Capítulo 2: Vestirse para el calor

Elegir ropa adecuada para el clima cálido: materiales, colores y estilos

Cuando se enfrenta a temperaturas abrasadoras de verano, seleccionar la ropa adecuada puede cambiar significativamente su comodidad y bienestar general. Aquí hay pautas esenciales para elegir el atuendo adecuado que promueva un mejor flujo de aire y comodidad:

Telas transpirables: opta por telas naturales, ligeras y transpirables como algodón, lino y chambray. Estos materiales permiten que el aire circule, ayudando a una mejor evaporación del sudor y manteniéndote más fresco.

Ropa holgada: Elija prendas holgadas que no se adhieran a su cuerpo. Esto permite que el aire fluya libremente entre la piel y la tela, evitando el sobrecalentamiento.

Colores claros: La ropa de colores claros refleja la luz solar, mientras que los colores oscuros absorben y mantienen el calor. Elija tonos claros como blanco, pasteles o neutros suaves para mantenerse más fresco al sol.

Tecnología de absorción de humedad: busque ropa con propiedades de absorción de humedad, especialmente en ropa activa o deportiva. Esta tecnología ayuda a alejar el sudor de la piel, manteniéndote seco y cómodo.

Deje de usar telas sintéticas: como el poliéster y el nylon, ya que atrapan el calor y la humedad, lo que provoca molestias.

Considere la ropa de protección UV: Algunas prendas especializadas vienen con UPF incorporado (Factor de protección ultravioleta) para protegerlo de los dañinos rayos UV mientras lo mantiene fresco.

Maximice la cobertura de la piel: Si bien puede parecer contradictorio, usar camisas y pantalones de manga larga hechos de telas livianas y transpirables puede proteger su piel de la luz solar directa y mantenerla más fresca en general.

Importancia de usar sombreros y gafas de sol para la protección UV

Cuando estás bajo el sol abrasador, proteger tus ojos y piel de los dañinos rayos UV es primordial. El uso de sombreros, bloqueadores solares y gafas de sol sirve como una línea crucial de defensa contra posibles problemas de salud relacionados con el sol:

Sombreros de ala ancha: opte por sombreros de ala ancha que proporcionan mucha sombra para su cara, cuello y orejas. Esto ayuda a proteger su piel de la exposición directa al sol, reduciendo el riesgo de quemaduras solares y enfermedades relacionadas con el calor.

Gafas de sol con protección UV: Invierta en gafas de sol de alta calidad que ofrezcan 100% de protección UV. La exposición sin protección a los rayos UV puede causar daño ocular, incluyendo cataratas y posible degeneración macular. Las gafas de sol no solo protegen sus ojos, sino que también reducen los ojos entrecerrados, lo que puede causar dolores de cabeza por tensión.

Prevención del golpe de calor: Usar un sombrero y gafas de sol puede ayudar a prevenir el golpe de calor, ya que reducen la cantidad de calor directo absorbido por la cabeza y los ojos. El golpe de calor es una afección grave que requiere atención médica inmediata y puede poner en peligro la vida.

Protección UV para todas las edades: Es esencial instruir a los niños sobre la importancia de usar sombreros y gafas de sol desde una edad temprana. Los ojos de los niños son más sensibles a los rayos UV, y proteger sus ojos durante la infancia puede reducir el riesgo de problemas oculares más adelante en la vida.

Al incorporar estos consejos en su guardarropa de verano, puede mejorar significativamente su comodidad y protegerse de los dañinos rayos UV. Mantenerse atento a sus opciones de ropa y protección UV no solo garantiza una experiencia más agradable durante el clima cálido, sino que también contribuye a su salud y bienestar a largo plazo.

Capítulo 3 La hidratación, la clave para vencer el calor

La importancia de mantenerse hidratado y su papel en la regulación de la temperatura corporal

Mantenerse hidratado es primordial, especialmente durante el clima cálido, ya que desempeña un papel vital en la regulación de la temperatura corporal y el bienestar general. Cuando la temperatura aumenta, su cuerpo transpira para enfriarse. La sudoración es un mecanismo de enfriamiento natural, pero también conduce a la pérdida de líquidos. La hidratación adecuada ayuda a mantener el equilibrio de los fluidos corporales, lo que le permite hacer frente al calor de manera más efectiva.

Regulación de la temperatura corporal: La hidratación adecuada permite que su cuerpo libere calor a través de la sudoración, evitando el sobrecalentamiento y reduciendo el riesgo de enfermedades relacionadas con el calor como el agotamiento por calor y el golpe de calor.

Apoyar las funciones corporales: La hidratación es esencial para diversas funciones corporales, incluida la digestión, la absorción de nutrientes, la circulación y la eliminación de desechos. Cuando se deshidrata, estas funciones pueden verse afectadas, lo que provoca molestias y problemas de salud.

Aumentar los niveles de energía: La deshidratación puede causar fatiga y niveles de energía reducidos, lo que dificulta la realización de tareas diarias, especialmente durante el clima cálido cuando su cuerpo necesita más energía para enfriarse.

Formas prácticas de garantizar una ingesta adecuada de líquidos: agua, bebidas ricas en electrolitos y alimentos hidratantes

Para mantener la mejor hidratación durante el clima de mucho calor, considere las siguientes estrategias prácticas para la ingesta adecuada de líquidos:

Agua: El agua debe ser su principal fuente de hidratación. Por lo general, mantenga una botella de agua con usted, tome sorbos regulares durante todo el día. Trate de beber agua antes de sentir sed, ya que la sed ya es un signo temprano de deshidratación.

Bebidas ricas en electrolitos: Además del agua, considere beber bebidas ricas en electrolitos, especialmente si realiza actividades físicas o suda profusamente. Los electrolitos, como el sodio, el potasio y el magnesio, ayudan a reponer los minerales esenciales perdidos a través del sudor.

Agua de coco: El agua de coco natural es una excelente manera de reponer electrolitos y mantenerse hidratado. Es bajo en calorías y contiene potasio, sodio y magnesio.

Agua con infusión de frutas: Agregue rodajas de frutas como limón, lima, pepino o bayas a su agua para mejorar el sabor y alentarlo a beber más.

Alimentos hidratantes: Consuma alimentos ricos en agua como sandía, pepino, naranjas, fresas y apio. Estas frutas y verduras no solo proporcionan hidratación, sino también vitaminas y minerales esenciales.

Pautas para identificar signos de deshidratación y la necesidad de una acción inmediata

Reconocer los signos de deshidratación es crucial para prevenir su progresión y posibles complicaciones. Algunos síntomas comunes incluyen:

Sed: Sentir sed es uno de los primeros signos de deshidratación. Es esencial beber agua tan pronto como sienta sed.

Boca seca o pegajosa: Una sensación seca o pegajosa en la boca puede mostrar deshidratación.

Orina oscura: La orina de color oscuro o la micción poco frecuente pueden ser un signo de deshidratación. Idealmente, la orina debe ser de color amarillo pálido.

Fatiga y debilidad: La deshidratación puede provocar sentimientos de fatiga y debilidad, lo que dificulta la realización de las actividades diarias.

Mareos o aturdimiento: Si se siente mareado o aturdido, puede ser el resultado de deshidratación y presión arterial baja.

Dolor de cabeza: La deshidratación puede causar dolores de cabeza, especialmente si está expuesto al clima cálido durante un período prolongado.

Si experimenta alguno de estos signos de deshidratación, tome medidas inmediatas para rehidratarse:

Beba agua: Comience bebiendo agua o una bebida rica en electrolitos para reponer líquidos y minerales esenciales.

Busque sombra o un ambiente más fresco: Muévase a un área sombreada o a un espacio con aire acondicionado para evitar una mayor exposición al calor.

Descanse: Tómese un descanso, siéntese y descanse hasta que se sienta mejor.

Busque atención médica: Si los síntomas persisten o empeoran, busque atención médica de inmediato, ya que la deshidratación grave puede ser peligrosa y requerir intervención médica.

Recuerde, mantenerse hidratado es un esfuerzo continuo, y es esencial tomar la iniciativa sobre su ingesta de líquidos durante el clima cálido para combatir el calor y mantener su salud y bienestar.

Capítulo 4: Crear un ambiente hogareño fresco y seguro

Consejos para mantener los espacios interiores frescos sin el uso excesivo de aire acondicionado

Durante el clima cálido, es esencial mantener sus espacios interiores frescos y cómodos sin depender únicamente del aire acondicionado, que puede consumir mucha energía. Aquí hay algunos consejos para lograr un ambiente más fresco:

Técnicas de ventilación cruzada: Aproveche la brisa natural abriendo estratégicamente ventanas en lados opuestos de su hogar. Esto permite que fluya aire fresco, creando un efecto natural de ventilación cruzada que ayuda a enfriar el interior.

Tratamientos de ventanas: Use cubiertas reflectantes para ventanas o cortinas de colores claros para bloquear la luz solar directa.

Esto evita que el exceso de calor entre en su hogar mientras permite la luz natural.

Toldos de sombra y exteriores: Instale toldos exteriores, sombrillas o plante árboles estratégicamente alrededor de las ventanas para proporcionar sombra y reducir la ganancia de calor solar.

Enfriar el dormitorio: Antes de acostarse, coloque un tazón de hielo o una botella de agua congelada frente a un ventilador. Este enfriador de aire improvisado soplará aire frío por toda la habitación, promoviendo un mejor sueño durante las noches calurosas.

Detenga los aparatos de generación de calor: Minimice el uso de estos electrodomésticos como hornos y estufas durante las horas más calurosas del día. Opte por comidas frías o use parrillas al aire libre en su lugar.

Dispositivos de refrigeración caseros y alternativas energéticamente eficientes

Puede explorar varios dispositivos de enfriamiento caseros o alternativas de eficiencia energética para reducir su dependencia del aire acondicionado tradicional:

Aire acondicionado de bricolaje: Cree un acondicionador de aire de bricolaje colocando una bandeja de hielo poco profunda o agua fría frente a un ventilador. El ventilador conducirá el aire sobre el agua fría, creando un viento refrescante.

Enfriadores evaporativos: Considere usar enfriadores evaporativos, también conocidos como enfriadores de pantano, en climas áridos. Estos dispositivos utilizan el principio de evaporación para enfriar el aire sin usar refrigerantes, lo que los hace más eficientes energéticamente.

Ventiladores de techo y ventiladores oscilantes: Instale ventiladores de techo o use ventiladores oscilantes para hacer circular el aire de manera efectiva por toda su casa. Estos ventiladores utilizan significativamente menos energía en comparación con los acondicionadores de aire.

Termostatos inteligentes: comprar un termostato inteligente le permite programar ajustes de temperatura que coincidan con su horario. Esto evita el enfriamiento excesivo cuando no hay nadie en casa y garantiza un ambiente cómodo cuando regrese.

Acondicionadores de aire energéticamente eficientes: Si necesita usar aire acondicionado, elija modelos de eficiencia energética con altas calificaciones SEER (Índice de eficiencia energética estacional). Mantenga regularmente su sistema de aire acondicionado para asegurarse de que funcione de manera óptima.

Abordar los peligros potenciales de la exposición al sol a través de ventanas

Las ventanas pueden funcionar como puntos de entrada para el calor solar, lo que lleva a espacios interiores cálidos e incómodos. Para minimizar el impacto de la exposición al sol a través de las ventanas:

Láminas para ventanas: Aplique láminas reflectantes para ventanas para reducir la ganancia de calor de la luz solar directa. Estas películas también bloquean los dañinos rayos UV, protegiendo su piel y muebles de daños.

Cortinas o persianas opacas: Use cortinas opacas o persianas en habitaciones donde la luz solar excesiva es una preocupación. Estos pueden reducir significativamente la cantidad de calor que ingresa a su hogar.

Pantallas solares: Instale pantallas solares en el exterior de sus ventanas para bloquear una parte del calor del sol antes de que llegue al vidrio.

Toldos de ventana: Los toldos de ventanas exteriores pueden proporcionar sombra y reducir la ganancia de calor solar, especialmente en ventanas orientadas al sur.

Sellar huecos y grietas: Selle cualquier hueco o grieta alrededor de ventanas y puertas para evitar que el aire caliente se infiltre en su hogar.

Al implementar estas estrategias, puede crear un ambiente hogareño más fresco y seguro durante el clima cálido. Adoptar alternativas de enfriamiento de bajo consumo y minimizar la exposición al sol a través de las ventanas no solo lo mantendrá cómodo, sino que también reducirá su consumo de energía y el impacto ambiental.

Capítulo 5: Actividades al aire libre y seguridad contra el calor

Pautas de actividad al aire libre durante las horas pico de calor y programación para las partes más frías del día

Al participar en actividades al aire libre durante el clima cálido, es crucial tener en cuenta las horas pico de calor y planificar en consecuencia para evitar la exposición excesiva al calor. Siga estas pautas para una experiencia más segura:

Evite las horas pico de calor: Las horas entre el final de la mañana y la tarde (generalmente de 10 a.m. a 4 p.m.) son cuando el sol está en su punto más fuerte y las temperaturas son más altas. Minimice las actividades al aire libre durante este tiempo, especialmente si implican esfuerzo físico.

Programe sus actividades al aire libre sabiamente: Planifique actividades al aire libre para temprano en la mañana o al final de la tarde cuando las temperaturas son más frescas. Aproveche las partes más frescas del día para hacer ejercicio, actividades de ocio o reuniones sociales.

Manténgase informado: consulte los pronósticos meteorológicos y los avisos de calor antes de salir. Tenga en cuenta cualquier advertencia de calor emitida por las autoridades locales y ajuste sus planes en consecuencia.

Busque sombra: Si debe estar al aire libre durante las horas pico de calor, busque sombra siempre que sea posible. La sombra proporciona alivio de la luz solar directa y ayuda a reducir el riesgo de enfermedades relacionadas con el calor.

Consejos para hacer ejercicio en el calor de manera segura, reconocer las señales de advertencia y aclimatación

Hacer ejercicio en climas cálidos puede ser un desafío, pero con las precauciones adecuadas, aún puede disfrutar de actividades físicas de manera segura:

Hidrátese antes, durante y después del ejercicio: Beba mucha agua antes de comenzar su entrenamiento y lleve una botella de agua con usted para mantenerse hidratado durante el ejercicio. Después, reponga los líquidos y electrolitos perdidos.

Vístase apropiadamente: Use ropa transpirable y que absorba la humedad para ayudar con la evaporación del sudor. La ropa holgada de colores claros es ideal para los entrenamientos en climas cálidos.

Tome descansos y descanse: Escuche a su cuerpo y tome descansos regulares durante el ejercicio para evitar el sobrecalentamiento. Descanse en áreas sombreadas para refrescarse.

Reconozca las señales de advertencia de enfermedades relacionadas con el calor: Familiarícese con los signos de agotamiento por calor e insolación, incluidos mareos, náuseas, confusión, pulso rápido y cese de la sudoración. Si usted u otra persona experimenta estos síntomas, busque atención médica inmediata.

Aclimatación: Si no está acostumbrado a hacer ejercicio en el calor, aclimate gradualmente su cuerpo a las condiciones de calor comenzando con entrenamientos más cortos y menos intensos y aumentando gradualmente la duración e intensidad.

Haga ejercicio en interiores: Considere actividades en interiores como nadar, deportes en interiores o usar gimnasios con aire acondicionado durante el calor extremo.

Medidas de seguridad para eventos al aire libre y actividades recreativas

Ya sea que asista a eventos al aire libre o participe en actividades recreativas, la seguridad siempre debe ser una prioridad, especialmente en climas cálidos:

Protección solar: Use protector solar con un SPF alto para proteger su piel de los dañinos rayos UV. Reutilice el protector solar cada dos horas y después de nadar o sudar excesivamente.

Cúbrase: Use un sombrero de ala ancha, ropa liviana de manga larga y gafas de sol para protegerse de los rayos del sol.

Planifique la sombra: Si asiste a eventos al aire libre, planee estar cerca de estructuras de sombra, árboles o use sombrillas portátiles para aliviar la exposición directa al sol.

Manténgase hidratado: Lleve mucha agua y bebidas hidratantes a los eventos al aire libre. Anime a otros a beber agua regularmente, especialmente los niños y los ancianos.

Botiquín de primeros auxilios: Lleve un botiquín básico de primeros auxilios con elementos esenciales como vendajes, antisépticos y cualquier medicamento necesario cuando participe en actividades al aire libre.

Manténgase informado: Tenga en cuenta el pronóstico del tiempo y cualquier riesgo potencial relacionado con el clima para la ubicación y la actividad en la que planea participar.

Al seguir estas medidas de seguridad, puede disfrutar de eventos al aire libre y actividades recreativas mientras minimiza los riesgos asociados con el clima cálido. Mantenerse tomando la iniciativa, bien hidratado y consciente de los peligros relacionados con el calor ayudará a garantizar una experiencia segura y agradable.

Capítulo 6: Combatir el calor en el trabajo

Seguridad en el lugar de trabajo durante altas temperaturas: conciencia del estrés por calor ocupacional

A medida que las temperaturas se disparan durante el clima cálido, garantizar la seguridad en el lugar de trabajo se vuelve primordial. El estrés por calor ocupacional es una preocupación importante tanto para los trabajadores al aire libre como para los de interior. Los empleadores y los empleados deben ser conscientes de los riesgos y tomar las precauciones necesarias:

Entrenamiento para el estrés por calor: Los empleadores deben proporcionar capacitación sobre el estrés por calor para educar a los trabajadores sobre los signos y síntomas de las enfermedades relacionadas con el calor, así como las medidas preventivas.

Estaciones de hidratación: Los empleadores deben establecer estaciones de hidratación con un amplio suministro de agua, bebidas ricas en electrolitos y acceso a la sombra para los trabajadores al aire libre.

Descansos frecuentes: Fomente los descansos regulares para los trabajadores al aire libre, permitiéndoles descansar en áreas sombreadas e hidratarse. Implemente un sistema de compañeros para verificar el bienestar de los demás.

Horarios de trabajo modificados: Considere ajustar los horarios de trabajo para evitar las horas pico de calor o proporcionar más descansos durante los períodos más calurosos.

Abordar las necesidades de los trabajadores al aire libre y proporcionar consejos para mantenerse seguros y productivos

Los trabajadores al aire libre enfrentan mayores desafíos durante el clima cálido, y es esencial abordar sus necesidades y seguridad:

Ropa y EPP adecuados: Proporcione a los trabajadores al aire libre ropa liviana, transpirable y que absorba la humedad como parte de su Equipo de Protección Personal (EPP). Considere ropa de alta visibilidad con ventilación para mejorar la seguridad.

Sombreros y protector solar: Aliente a los trabajadores al aire libre a usar sombreros de ala ancha y aplicar protector solar con SPF alto para protegerse contra las quemaduras solares y el daño de la piel relacionado con el calor.

Enfriamiento del equipo: Si es posible, use chalecos de enfriamiento, pañuelos o toallas húmedas para mantener frescos a los trabajadores al aire libre mientras realizan sus tareas.

Rotación de tareas: Implemente la rotación de tareas para minimizar la exposición prolongada al sol y el calor extremo. Rote a los trabajadores a tareas que les permitan trabajar en áreas sombreadas periódicamente.

Comunicación y supervisión: Fomentar la comunicación abierta entre supervisores y trabajadores. Anime a los trabajadores a reportar cualquier signo de malestar o enfermedad relacionada con el calor con prontitud.

Reconocer las señales de advertencia: Capacite a los supervisores y trabajadores para que reconozcan los primeros signos de enfermedades relacionadas con el calor, como agotamiento por calor o calambres por calor, y actúe con prontitud.

Formas para que los trabajadores de interiores mantengan un ambiente de trabajo cómodo y fresco

Los trabajadores de interior también son susceptibles a los efectos del alto calor, particularmente en lugares de trabajo sin sistemas de enfriamiento adecuados. Aquí hay algunas maneras para que los trabajadores de interiores se sientan cómodos:

Aire acondicionado: Asegúrese de que los sistemas de aire acondicionado estén bien mantenidos y funcionen correctamente.

Considere el uso de configuraciones de eficiencia energética para equilibrar la comodidad y el consumo de energía.

Ventiladores y ventilación: Si el aire acondicionado no está disponible, use ventiladores y abra las ventanas estratégicamente para mejorar el flujo de aire y mantener un ambiente interior más fresco.

Sombra para ventanas: Use cubiertas de ventanas, persianas o persianas para bloquear la luz solar directa y reducir la ganancia de calor solar dentro del espacio de trabajo.

Asientos y estaciones de trabajo adecuados: Coloque las estaciones de trabajo lejos de equipos y fuentes que emiten calor. Proporcione asientos ergonómicos con tejidos transpirables.

Recordatorio de hidratación: Anime a los trabajadores de interiores a beber agua regularmente y proporcionar acceso a estaciones de hidratación.

Áreas de enfriamiento: Designe áreas de descanso fresco o proporcione acceso a un salón con aire acondicionado para que los trabajadores del interior tomen descansos y se refresquen.

Código de vestimenta flexible: Considere implementar un código de vestimenta más relajado durante el clima cálido, permitiendo a los empleados usar ropa cómoda y apropiada para el clima.

Al abordar las necesidades específicas de los trabajadores al aire libre y en interiores e implementar las medidas de seguridad adecuadas, los empleadores pueden garantizar el bienestar, la productividad y la seguridad de su fuerza laboral durante las condiciones de clima cálido. Crear un lugar de trabajo consciente del calor fomenta un ambiente de trabajo más saludable y de mayor apoyo para todos.

Capítulo 7: Viajar en climas cálidos

Preparación para un viaje durante el clima cálido: transporte y alojamiento

Viajar durante el clima cálido requiere una preparación cuidadosa para garantizar una experiencia segura y agradable. Tenga en cuenta los siguientes consejos al planificar su viaje:

Elija destinos más frescos: Si es posible, opte por destinos con climas más suaves o elevaciones más altas, donde las temperaturas son más cómodas durante los meses de verano.

Planifique la protección contra la sombra y el sol: Al reservar alojamiento, busque lugares con espacios al aire libre sombreados, como jardines, sombrillas o toldos. Además, seleccione hoteles con aire acondicionado o ventilación adecuada para escapar del calor en el interior.

Programe sus viajes: Si necesita viajar durante los meses pico de verano, considere programar sus actividades y visitas turísticas para las partes más frescas del día, temprano en la mañana o al final de la tarde.

Empaque ropa ligera y transpirable: Traiga ropa liviana y transpirable adecuada para climas cálidos. Considere empacar un sombrero de ala ancha, gafas de sol y protector solar para protegerse del sol.

Manténgase hidratado: Lleve una botella de agua recargable y beba mucha agua durante todo su viaje. La deshidratación puede ocurrir rápidamente durante el viaje, especialmente cuando se vuela o se pasa tiempo al aire libre.

Consejos para mantenerse fresco e hidratado mientras viaja, especialmente en vehículos sin sistemas de refrigeración adecuados

Viajar en vehículos sin sistemas de refrigeración adecuados, como automóviles o transporte público, puede ser un desafío durante el clima cálido. Aquí es cómo mantenerse fresco e hidratado:

Use sombrillas y cubiertas de ventanas: Instale sombrillas o cubiertas de ventanas para bloquear la luz solar directa y reducir el calor dentro del vehículo.

Traiga un ventilador portátil: Lleve un ventilador que funcione con baterías o USB para crear una brisa refrescante dentro del vehículo.

Hidrátate antes de la salida: Asegúrese de estar bien hidratado antes de comenzar su viaje. Beba agua o bebidas ricas en electrolitos para mantenerse hidratado durante todo su viaje.

Tome descansos frecuentes: Planifique paradas regulares durante viajes largos. Tome descansos en áreas de descanso, estaciones de servicio o lugares sombreados para estirar las piernas, refrescarse e hidratarse.

Evite el sobrecalentamiento: Si se siente sobrecalentado o incómodo, deténgase de inmediato y encuentre un área sombreada para enfriarse. No dude en buscar ayuda médica si es necesario.

Abordar los desafíos específicos de viajar a destinos extremadamente calientes

Viajar a destinos con temperaturas abrasadoras requiere precauciones adicionales. Aquí es cómo abordar los desafíos de los lugares extremadamente calientes:

Limite las actividades al aire libre durante las horas pico: En destinos extremadamente calurosos, evite las actividades al aire libre durante las horas pico de calor (10 a.m. a 4 p.m.). En su lugar, programe visitas turísticas y aventuras para las mañanas o las noches.

Busque espacios con aire acondicionado: Cuando explore atracciones calientes al aire libre, planee tomar descansos en lugares con aire acondicionado, como museos, centros comerciales o atracciones interiores.

Lleve una toalla refrescante o un pañuelo: Use toallas refrescantes o pañuelos empapados en agua fría para envolverlos alrededor de su cuello o frente para un alivio instantáneo del calor.

Monitoree la exposición al sol: Sea consciente de la exposición al sol, incluso a la sombra, ya que la intensidad del sol puede ser alta en destinos calurosos. Vuelva a aplicar protector solar regularmente y use ropa protectora.

Permanezca en el interior durante las olas de calor: Si las olas de calor extremas están en el pronóstico local, considere quedarse en el interior y evite las actividades al aire libre no esenciales hasta que las temperaturas bajen.

Al seguir estos consejos de viaje, puede tener un viaje más cómodo y agradable, incluso en condiciones de clima cálido. Priorice su seguridad, salud y bienestar durante sus viajes para aprovechar al máximo sus vacaciones o aventura.

Capítulo 8: Cuidado de las poblaciones vulnerables durante el clima cálido

Como el clima cálido puede plantear riesgos significativos para las poblaciones vulnerables, el cuidado y la atención particulares son cruciales para los ancianos, los niños, las mujeres embarazadas y las personas con condiciones de salud preexistentes. Aquí hay consideraciones y pautas específicas para proteger y ayudar a estos grupos vulnerables:

Consideraciones especiales para poblaciones vulnerables

Personas mayores: Los ancianos son más susceptibles a las enfermedades relacionadas con el calor debido a la capacidad reducida para regular la temperatura corporal y los problemas de salud subyacentes. Asegúrese de que tengan acceso a áreas frescas y sombreadas y recuérdeles que se mantengan hidratados regularmente. Controle a los parientes o vecinos ancianos, especialmente aquellos que viven solos, durante las olas de calor.

Niños: Los niños son más sensibles al calor y es posible que no siempre reconozcan los signos de deshidratación o malestar relacionado con el calor. Mantenga a los niños bien hidratados y anímelos a tomar descansos de las actividades físicas durante el clima cálido. Vístalos con ropa ligera y transpirable y proporcione sombra y opciones de enfriamiento durante el juego al aire libre.

Mujeres embarazadas: Las mujeres embarazadas son más susceptibles al estrés por calor debido a los cambios hormonales y al aumento del volumen sanguíneo. Deben mantenerse bien hidratados y evitar la exposición prolongada al calor extremo. Anímelos a descansar en ambientes frescos o con aire acondicionado y usar ropa holgada y cómoda.

Personas con condiciones de salud preexistentes: Las personas con afecciones crónicas de salud como enfermedades cardíacas, problemas respiratorios o diabetes pueden estar en mayor riesgo durante el clima cálido. Deben seguir los consejos de su proveedor de atención médica y estar atentos a la gestión de su salud durante las olas de calor. Asegúrese de que tengan acceso a medicamentos, ambientes frescos y apoyo si es necesario.

Protección y asistencia a las personas vulnerables durante las olas de calor

Apoyo al cuidador: Los cuidadores deben estar bien informados sobre las necesidades específicas de las personas vulnerables bajo su cuidado durante el clima cálido. Esto incluye reconocer signos de enfermedades relacionadas con el corazón y saber cuándo buscar atención médica.

Manejo de la hidratación: Los cuidadores deben alentar y recordar a las personas vulnerables que beban agua regularmente. También pueden preparar alimentos y bebidas hidratantes, como frutas y bebidas ricas en electrolitos, para apoyar la hidratación adecuada.

Estrategias de enfriamiento: Implemente estrategias de enfriamiento para personas vulnerables, como el uso de ventiladores, acondicionadores de aire portátiles o ropa fresca para ayudar a controlar su temperatura corporal.

Monitoreo y observación: Los cuidadores deben revisar de cerca a las personas vulnerables para detectar cualquier signo de malestar, deshidratación o cambios en el comportamiento relacionados con el calor. Aborde rápidamente cualquier inquietud y busque ayuda médica si es necesario.

Educar e informar: Educar a las personas vulnerables y sus cuidadores sobre las medidas de seguridad contra el calor, la importancia de mantenerse fresco y las señales de advertencia de enfermedades relacionadas con el calor.

Consideraciones de transporte: Cuando viaje con personas vulnerables durante el clima cálido, asegúrese de que los vehículos estén adecuadamente refrigerados y programe descansos en lugares sombreados y frescos.

Apoyo comunitario: Aliente a las personas vulnerables a participar en programas o centros comunitarios que proporcionen alivio del calor, interacción social y apoyo durante el clima cálido.

Al tener en cuenta estas consideraciones especiales y ofrecer el apoyo adecuado, los cuidadores pueden ayudar a las poblaciones vulnerables a mantenerse seguras y cómodas durante las condiciones climáticas de calor. El cuidado y la atención de la iniciativa durante las olas de calor pueden reducir significativamente el riesgo de enfermedades relacionadas con el calor y garantizar el bienestar de aquellos que son más susceptibles a los efectos de las temperaturas elevadas.

Capítulo 9: Vencer al calor con un presupuesto

Estrategias rentables para refrescarse durante el clima cálido

Mantenerse fresco durante el clima cálido es esencial para la salud y el bienestar, pero no tiene que romper el banco. Aquí hay algunas estrategias rentables para enfriarse, especialmente para aquellos con recursos financieros limitados:

Enfriador de aire de bricolaje: Cree un enfriador de aire simple colocando una bandeja de hielo poco profunda o agua fría frente a un ventilador. El ventilador empujará el aire sobre el agua fría o el hielo, creando una brisa refrescante.

Bloqueadores de corrientes de aire de ventanas y puertas: Use bloqueadores de tiro o burletes de bajo costo para sellar los huecos alrededor de ventanas y puertas. Esto evita que el aire caliente se infiltre en sus espacios habitables y ayuda a mantener un ambiente interior más fresco.

Toallas húmedas y ventiladores: Humedezca una toalla con agua fría y úsela como un paño frío improvisado. Coloque la toalla en su frente o cuello mientras está sentado frente a un ventilador para un efecto de enfriamiento instantáneo.

Abra sus ventanas durante las horas más frías: aproveche los momentos más fríos como las mañanas y las noches abriendo ventanas y permitiendo que el aire fresco circule por su hogar. Cierre las ventanas y cortinas durante las horas pico de calor para bloquear el calor del sol.

Duchas y baños fríos: Tome duchas o baños fríos para bajar la temperatura de su cuerpo durante el clima cálido. Es una forma simple y asequible de combatir el calor.

Alimentos hidratantes: Consuma alimentos hidratantes como sandía, pepino, naranjas y fresas. Estas frutas no solo proporcionan hidratación, sino también vitaminas y minerales esenciales.

Recursos comunitarios y programas de asistencia gubernamental durante eventos de calor extremo

Durante los eventos de calor extremo, varios recursos comunitarios y programas de ayuda del gobierno están disponibles para ayudar a las personas a sobrellevar las altas temperaturas y mantenerse seguras:

Centros de enfriamiento: Muchas comunidades establecen centros de enfriamiento en instalaciones públicas como bibliotecas, centros comunitarios y edificios públicos durante las olas de calor. Estos centros proporcionan espacios con aire acondicionado para que los residentes se refresquen.

Programas de asistencia de servicios públicos: Algunas regiones ofrecen programas de ayuda de servicios públicos para ayudar a los hogares de bajos ingresos a pagar los costos de enfriamiento durante el clima cálido. Consulte con las autoridades locales u organizaciones de servicios sociales para ver si dichos programas están disponibles en su área.

Programas de intercambio de ventiladores y aire acondicionado: Algunas organizaciones ejecutan programas de intercambio de ventiladores y acondicionadores de aire para personas de bajos ingresos, proporcionando acceso a dispositivos de enfriamiento a costos reducidos o mediante donaciones.

Líneas directas de emergencia por calor: Algunas áreas tienen líneas directas de emergencia por calor a las que las personas pueden llamar para obtener apoyo, asesoramiento e información durante eventos de calor extremo.

Grupos de apoyo comunitario: Conéctese con grupos de apoyo comunitario o asociaciones de vecinos, ya que pueden organizar iniciativas para ayudar a las personas vulnerables durante el clima cálido, como distribuir agua, suministrar ayuda para enfriar u ofrecer transporte a los centros de enfriamiento.

Iniciativas gubernamentales de seguridad térmica: Los gobiernos locales pueden implementar iniciativas de seguridad contra el calor, como avisos de calefacción, anuncios de servicio público y campañas educativas para crear conciencia sobre los riesgos del calor extremo y promover medidas de seguridad.

Al usar estos recursos y programas de ayuda, las personas y familias con recursos financieros limitados pueden acceder a apoyo y alivio durante el clima cálido, asegurando que puedan mantenerse frescos y seguros sin incurrir en costos excesivos. Es esencial tomar la iniciativa en la búsqueda de estos recursos para proteger su salud y bienestar durante los eventos de calor extremo.

Capítulo 10: Conclusión:

A lo largo de este libro electrónico, "Sobrevivir al calor del verano: su guía completa para mantenerse seguro y fresco", hemos explorado la creciente intensidad del calor del verano y sus efectos adversos sobre la salud y el bienestar humanos. Discutimos la importancia de protegernos del calor extremo y proporcionamos consejos prácticos y estrategias para mantenernos seguros y cómodos durante el clima cálido.

Recapitulando los puntos principales:

El aumento de la intensidad del calor del verano: El calentamiento global y el cambio climático han provocado un aumento de las temperaturas y olas de calor más frecuentes y severas, lo que plantea riesgos significativos para la salud humana y el medio ambiente.

La importancia de protegerse: El calor extremo puede causar diversas enfermedades relacionadas con el calor, especialmente en poblaciones vulnerables como ancianos, niños, mujeres embarazadas y personas con condiciones de salud preexistentes.

Consejos prácticos para mantenerse seguro y fresco: Proporcionamos pautas para vestirse adecuadamente, mantenerse hidratado, crear un ambiente hogareño fresco, participar en actividades al aire libre de manera segura y cuidar a las poblaciones vulnerables.

Tomar iniciativas y estar preparado:

Tomar la iniciativa y estar preparado para el clima de alto calor es esencial para salvaguardar nuestra salud y bienestar. Al comprender los riesgos asociados con el calor extremo e implementar las estrategias descritas en este libro electrónico, podemos reducir la probabilidad de enfermedades relacionadas con el calor y mantenernos cómodos durante los abrasadores días de verano.

Difundir la conciencia e implementar consejos:

Como individuos, tenemos el poder de ser efectivos al difundir la conciencia sobre el impacto del clima de alto calor y la importancia de las medidas de seguridad térmica. Al compartir el conocimiento adquirido de este libro con amigos, familiares y miembros de la comunidad, podemos crear colectivamente un enfoque más seguro y resistente para hacer frente al calor extremo.

Al implementar los consejos prácticos y las estrategias discutidas, podemos asegurarnos de que nosotros y quienes nos rodean nos mantengamos seguros, saludables y cómodos durante el calor del verano. Tomemos en serio la responsabilidad de protegernos a nosotros mismos y a nuestros seres queridos y hagamos los preparativos necesarios para combatir el calor de manera efectiva. Juntos, podemos crear una sociedad más consciente del calor y minimizar los riesgos asociados con las temperaturas elevadas. ¡Manténgase fresco, manténgase seguro y tenga un verano maravilloso!

PALABRAS FINALES DEL AUTOR

Felicitaciones, querido lector, por tomarse el tiempo para equiparse con el conocimiento y las estrategias esenciales para navegar los chisporroteantes meses de verano con confianza y cuidado. Al llegar al final de este libro, esperamos que se sienta empoderado y listo para hacer de este verano el mejor mientras se mantiene a usted y a sus seres queridos seguros y cómodos.

Recuerde, el calor del verano es una fuerza para tomar en serio, pero armado con la información correcta, está más que preparado para enfrentarlo de frente. Al priorizar la hidratación, implementar técnicas de enfriamiento efectivas y mantenerse atento a cualquier signo de angustia, está demostrando un nivel excepcional de cuidado para usted y para quienes lo rodean.

A medida que la temperatura aumenta y el sol brilla intensamente, sepa que está bien equipado para disfrutar de la temporada al máximo. Desde actividades al aire libre hasta momentos de relajación a la sombra, su verano puede ser un momento de risas, conexión y experiencias inolvidables.

Por lo tanto, abrace los días soleados que se avecinan con entusiasmo y la confianza de que está tomando decisiones informadas para su bienestar. Implemente los consejos prácticos y las estrategias que ha reunido aquí y cree recuerdos que durarán toda la vida.

Gracias por su compromiso de mantenerse informado, cuidarse a sí mismo y a sus seres queridos, y abrazar el verano con los brazos abiertos. Aquí hay una temporada llena de risas, alegría y una perspectiva fresca y refrescante de la vida. Manténgase fresco, manténgase hidratado y manténgase conectado con la belleza del verano.

Si consideras útil este contenido contribuye a mostrarlo a más personas haciendo TU REVISION HONESTA EN AMAZON.

El Autor.